GÉNÉALOGIE

de la Famille

DLAN, DELAND, DELANS,

de LAN, DELANT et DELAN

de

1608 à 1899

GÉNÉALOGIE

de la Famille

DLAN, DELAND, DELANS,

de LAN, DELANT et DELAN

de

1608 à 1899

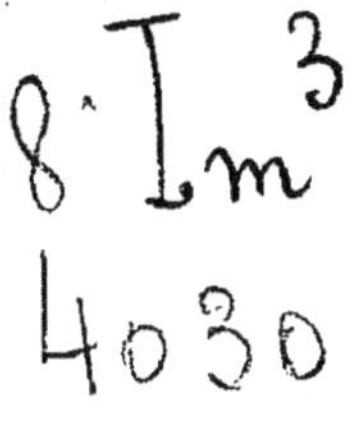

PRÉFACE

La famille *Dlan, Deland, Delans, de Lan, Delant et* **Delan** (1) qui a été anobli (*noblesse de robe*) dans la personne de *Jean Delan*, mon *quater-aïeul*, Procureur au siège présidial et sénéchaussée de Moulins en Bourbonnais en 1700, sous le règne de Louis XIV, (voir annexes Nos 3-33-55-77 et 79) est une des familles les plus anciennes de Moulins.

Presque tous ses membres sont morts ou nés, *rue des Augustins*, à Moulins (aujourd'hui 26, rue Michel de l'Hospital) dans la maison, dont nous sommes encore propriétaires, mes frères, ma sœur et moi, et où habite encore actuellement ma mère, *Madame Camille Delan*. Les registres des paroisses ne commencent tant à la bibliothèque de la ville de Moulins qu'au Greffe du Tribunal civil, où j'ai fait les recherches, qu'en *1608* et les tables qu'en *1731*.

Ces recherches, qui jusqu'en *1792* émanent toutes *des registres de la Paroisse de St-Pierre des Ménestraux de Moulins* qui n'existe plus aujourd'hui et se trouvait où est actuellement la place de la bibliothèque, et *des registres de l'Etat civil de la ville de Moulins*, à partir de *1792*, ont été très longues et très difficiles, car jusqu'en 1792 les actes de l'Etat civil étaient tenus *par les curés* qui n'oubliaient qu'une chose essentielle c'est de mettre dans les actes l'âge des comparants. J'ai respecté *l'orthographe* des actes *aussi invraisemblable* qu'elle paraisse être, qui prouve que si la plupart des prêtres étaient lettrés, il y en avait d'autres qui l'étaient peu, (voir notamment l'acte de naissance *d'Etienne Delan, mon grand père,*

---

(1) Si l'orthographe du *nom* a varié cela tient aux rédacteurs des actes, les *curés*, et du fait *de l'anoblissement en 1700*.

annexe n° 78). On trouvera tous ces actes aux annexes qui suivent. Le motif qui m'a donné l'idée de faire ce travail considérable est le suivant :

« Il y a trois ou quatre ans, en décrochant deux tableaux que nous possédons, sans savoir quels personnages ils représentaient (un portrait d'homme et un portrait de femme) on découvrit par derrière, sur les cadres, deux inscriptions qui figurent aux annexes, dont la teneur ne laissait aucun doute sur l'identité des personnages qui étaient encadrés, et qui donnaient toute la généalogie de ma famille pendant un siècle. Je me reportais immédiatement à l'acte de décès de *mon bisaïeul Jacques Delan* de 1806 et j'acquis la confirmation absolue que les inscriptions dont ce dernier était *l'auteur* et dont on trouvera le texte plus loin ainsi que l'histoire des tableaux, étaient exactes. »

Encouragé par cette découverte je me mis résolument à la besogne et suis arrivé au résultat suivant dont j'affirme l'authenticité absolue *depuis 1640*, authenticité corroborée par les actes ci-annexés. Je fais hommage à tous les membres de ma famille de ce travail dont la conclusion est qu'après ma mort, comme je n'ai *qu'une fille* et que mon frère cadet *Albert* n'a que des filles aussi, la famille *Delan* en ligne directe immédiate serait complétement *éteinte*, si mon plus jeune frère *Henri* n'avait pas *deux fils*, *Emile* et *Marcel Delan* qui, il faut l'espérer, continueront cette longue généalogie.

Paris, le 1er Janvier 1899.

Alfred DELAN.

Première Génération

André Dlan et Delan, probablement né à Moulins vers 1585, décédé à.... à partir de 1620, marié vers 1607 à *Isabelle Pacaud* née probablement à Moulins aussi vers 1585. (Les registres des paroisses ne commençant qu'en 1608, il m'a été impossible de retrouver les actes les concernant).

Paraît avoir eu 3 enfants :

1o *Jehan Dlan* et *Jean Delan* plus tard, mon *sixter aïeul*, né à Moulins le 24 Octobre 1608, sous le règne d'Henri IV (voir annexe no 4) décédé à.... à partir de 1661 (il a eu son dernier enfant en 1661, voir annexe no 19) marié en 1res noces à *Suzanne Olivier*, et en 2es noces à *Catherine Bouché*.

2o Jacques Delan né à.... de 1608 à 1613 qui a eu un fils Anthoine Delan né à Moulins le 25 juin 1635 (voir annexe no6) décédé à...... le...... marié à Jehanne Aubert vers 1634.

3o Hugues Delan né à..... de 1613 à 1620, décédé à..... le..... marié à Marguerite Prunié de 1640 à 1647, qui lui-même a eu deux enfants :

1o Marguerite Delan née à..... vers 1647, décédée à Moulins le 27 décembre 1687, mariée à.... à Michel Valois, joueur de violons (voir annexe no 30).

2o Hugues François Delan, né à Moulins le 17 juillet 1651 (voir annexe no 12) décédé à....... le.......

Paraît avoir eu *un frère Claude Déland*, greffier du Roy, probablement né à Moulins de 1590 à 1600, qui lui-même a eu un fils, André Delaud, né à Moulins le 16 Août 1619 (voir annexe no 5) décédé à.... le.... marié vers 1618 à dame Marye.

Deuxième Génération

Jehan Dlan et **Jean Delan** plus tard, né à Moulins le 24 Octobre 1608 (voir annexe no 4) décédé à partir de 1661, (voir annexe no 19) marié en 1res noces vers 1637 à *Suzanne Olivier* née à........ vers 1615 à 1620 et en 2es noces vers 1638 à *Catherine Bouché* née à... . vers 1615 à 1620

A eu treize enfants :

1° De sa première femme une fille Anne Delan née le 28 janvier 1638 (voir annexe n° 7) décédée à...... le......

2° De sa deuxième femme :

1° Gilbert Delan né à Moulins le 25 aout 1639 (voir annexe n° 8) décédé (probablement en bas âge) à...... le......

2° Antoine Delan né à.... de 1639 à 1648 qui est devenu plus tard curé de Verneuil (voir annexes n°ª 31 et 34), probablement décédé dans sa cure à partir de 1701 (voir mêmes annexes que ci-dessus 31 et 34).

3° Henry Delan né à.... de 1639 à 1648, qui est devenu plus tard curé de Meillet (voir annexes n°ˢ 24, 31 et 34) décédé probablement dans sa cure à partir de 1701 (voir mêmes annexes que ci-dessus n°ˢ 24, 31 et 34) d'abord marié à..... le.... à.... qui a eu une fille Jeanne Delan, qui a été la marraine de Jeanne Delan dont il sera parlé ci-après (voir annexe n° 21).

4° *Jean Delan, mon quinter aïeul,* né à Moulins le 22 aout 1648, (voir annexe n° 10) marié à..... le.... à *Louise Taillon,* décédé à...... de 1687 à 1696 (voir annexes n°ˢ 29 et 31).

5° Jeanne Delan née à Moulins le 16 Juillet 1650 (voir annexe n° 11) décédée à...... le......

6° François Delan né à Moulins le 25 Juillet 1654 (voir annexe n° 13) décédé à...... le......

7° Jean-Baptiste Delan né à Moulins le 26 Juillet 1655 (voir annexe n° 14) décédé à...... le......

8° Claude Delan né à Moulins le 30 octobre 1656 (voir annexe n° 15) décédé à...... le......

9° Claude Gilbert Delan né à Moulins le 1 novembre 1657 (voir annexe n° 16) décédé à...... le......

10° Magdelaine Delan née à Moulins le 3 avril 1658 (voir annexe n° 17) décédée à...... le......

11º Pierre Delan né à Moulins le 17 novembre 1658 (voir annexe nº 18) décédé à...... le.......

12º Marie Delan née à Moulins le 18 avril 1661 (voir annexe nº 19) décédée à........ le......

Avait *deux frères* Jacques et Hugues Delan dont il a été parlé ci-dessus.

Troisième Génération

Jean Delan avocat au Parlement, et procureur au siège présidial et sénéchaussée de Moulins en Bourbonnais. né à Moulins le 22 août 1648 (voir annexe nº 10) décédé à.... de 1687 à 1696 (voir annexes nᵒˢ 29 et 31) marié vers 1672 à *Louise Taillon* née à Moulins le 13 août 1644 (voir annexe nº 9).

A eu *neuf* enfants

1º *Jean Delan, mon quater aieul*, né à Moulins le 25 mars 1673 (voir annexe nº 20) décédé à Moulins le 16 novembre 1709 (voir annexe nº 43), marié à *Marie Charles* à Moulins le 24 janvier 1696 (voir annexe nº 31).

2º Jeanne Delan née à Moulins le 6 mai 1675, dont la marraine était Jeanne Delan, fille de Henri Delan dont il a été parlé ci-dessus (voir annexe nº 21) décédée à... le... (paraît ne pas s'être mariée et être décédée jeune).

3º Sébastien Delan né à Moulins le 18 novembre 1677 (voir annexe nº 23) décedé à...... le......

4º Catherine Delan née à.... de 1677 à 1679, décédée à.... le.... mariée à Moulins le 19 Janvier 1701 à François Boutin bourgeois (voir annexe nº 34).

5º Henri Delans né à Moulins le 1ᵉʳ novembre 1679 (voir annexe nº 24) décédé à Moulins le 7 novembre 1682 (voir annexe nº 26).

6º Pierre Charles Delan, plus tard docteur en médecine (voir annexes nᵒˢ 25, 35 et 37) né à Moulins le 29 novembre 1681 décédé à.... le.... (vivait encore en 1739 voir annexe nº 49)

7° Gilbert Delan né à Moulins le 23 novembre 1683 (voir annexe numéro 27) décédé à.... le....

8° Jean Delan né à Moulins le 3 janvier 1686 (voir annexe n° 28) décédé à.... le....

9° Louys Pierre Delan né à Moulins le 3 avril 1687 (voir annexe n° 29) décédé à.... le....

Avait *huit frères* et *quatre sœurs* dont il a été parlé ci-dessus.

Quatrième Génération

Jean Delan, avocat au Parlement et ensuite ayant succédé à son père, procureur au siège présidial et sénéchaussée de Moulins en Bourbonnais, anobli par le Roy en 1700 sous le règne de Louis XIV (voir annexes n°s 3, 33, 55, 77, 79) né à Moulins le 25 Mars 1673 (voir annexe n° 20) décédé à Moulins le 16 novembre 1709 (voir annexe n° 43), marié à Moulins le 24 janvier 1696 (voir annexe n° 31) à *Marie Charles* fille du Chirurgien Jean Charles qui s'est remariée à M. Brirot (voir annexe n° 48), née à Moulins le 18 Mars 1676 (voir annexe n° 22) décédée à Moulins le 23 mars 1738 (voir annexe n° 48). Nous avons son portrait et celui de sa femme peints de 1696 à 1709 par un élève de l'Ecole de Rigaud, restaurés et réencadrés par les soins de *mon bisaieul Jacques Delan*, son petit-fils, sous le règne de Louis XVI de 1676 à 1789 et par mes soins en novembre 1896.

A eu *huit* enfants :

1° Marie Delan née à Moulins fin de 1696 ou commencement de 1697 (il manque dans les registres l'année 1697) décédée à Moulins le 1er octobre 1797 (voir annexe n° 32).

Marie *de Lan*, née à Moulins le 24 Juillet 1700 (voir annexe n° 33) décédée à....... le........, mariée en 1res noces à Moulins le 30 Septembre 1728 à M. Moyssant contrôleur du bureau général des tabacs (voir annexe n° 45) et en 2mes noces à M. Amyot intéressé aux affaires du Roy après 1740 (voir annexe n°s 50, 58, 60 et 72).

3° Pierre Charles Raphaël Delan, plus tard religieux de

l'ordre de Saint-Jean de Dieu (voir annexes nos 51, 55 et 56) né à Moulins le 14 octobre 1701, (voir annexe no 35) décédé probablement à Moulins à partir de 1752 (voir annexe no 56)

4º *Jean Gilbert Delan, mon trisaïeul,* né à Moulins le 20 décembre 1702 (voir annexe no 36) décédé à....... de 1770 à 1783 (voir annexes 75 et 77) marié 1º à *Marie Guichard,* 2º à *Marguerite Aminin,* 3º à *Marguerite Houdry* le 12 janvier 1752 (voir annexe nº 55).

5º Charles Delan né à Moulins le 28 avril 1704 (voir annexe nº 37) décédé à Moulins le 4 mars 1709 (voir annexe nº 41).

6º François Delan né à Moulins le 30 septembre 1705 (voir annexe nº 39) décédé à...... le......

7º Jean Delan né à Moulins le 29 décembre 1707 (voir annexe nº 40) décédé à...... le......

8º Louise Delan née à Moulins le 24 mai 1709 (voir annexe nº 42) décédée à Moulins le 25 octobre 1767 (voir annexe nº 70) mariée à Moulins à Jacques Durand, conseiller du Roy, parrain de *Jacques Delan mon bisaïeul,* dont il sera parlé ci-après (voir annexes nº 61 et 62) dont le portrait est probablement ce *portrait au pastel* qui se trouve dans le salon de notre maison de Moulins sise rue Michel de l'Hospital (autrefois rue des Augustins) à moins que ce ne soit celui de sa sœur *Marie Delan* née le 24 Juillet 1700, mariée à M. Moyssant et à M. Amyot dont il a été ci-dessus parlé.

Avait *six frères* et *deux sœurs* dont il a été parlé ci-dessus.

Cinquième Génération

Jean Gilbert Delan, avocat au parlement et en 1754 procureur du Roy de l'Hôtel de ville de Moulins chatelain des Châtellenies royales de Chevagnes et de Thiel, né à Moulins le 20 décembre 1702 (voir annexe nº 36) décédé à....... de 1770 à 1783 (voir annexes nos 75 et 77) (il m'a été impossible de retrouver son acte de décès; il n'est probablement pas mort à Moulins) marié vers 1730 en 1res noces à *Marie Guichard* née à Moulins le 29 janvier 1705 (voir annexe nº 38) décédée à Moulins le 23 janvier 1742 (voir annexe nº 52), en 2es noces de 1742 à 1752 à *Marguerite Aminin* et en 3es noces à l'âge de

50 ans le 12 janvier 1752 (voir annexe n° 55) à *Marguerite Houdry* née à Moulins le 1er novembre 1727 (voir annexe n° 44), décédée à Moulins, rue des Augustins, le 16 février 1806, (voir annexe n° 81) marraine de son petit-fils, *mon grand père Etienne Delan,* dont il sera parlé ci-après (voir annexe n° 78) (ne paraît pas avoir eu d'enfants de sa seconde femme dont je n'ai pu retrouver ni l'acte de naissance, ni l'acte de mariage, ni l'acte de décès.)

A eu *dix-neuf* enfants

1° De sa première femme :

1° Marguerite Delant née à Moulins le 14 mai 1733 (voir annexe n° 46) décédée à...... le......

2° Estienne Delan né à Moulins le 29 mai 1734 (voir annexe n° 47) décédé a Moulins le 29 janvier 1743 (voir annexe n° 53.)

3° Baptiste Charles Delan né à Moulins le 26 février 1739 (voir annexe n° 49) décédé à Moulins le 21 mars 1743 (voir annexe n° 54).

4° Marie Delan née à Moulins le 11 janvier 1740 (voir annexe n° 50) décédée à...... le......

5° Joseph Baptiste Delan né à Moulins le 14 janvier 1742 (voir annexe n° 51) décédé à...... le...... (n'a probablement pas vécu; sa mère est morte en couches 9 jours après sa naissance 23 janvier 1742, voir annexe n° 52).

2° De sa troisième femme :

1° Pierre Delan né à Moulins le 21 octobre 1752 (voir annexe n° 56) décédé à Moulins le 20 juin 1761 (voir annexe n° 63).

2° Claude Antoine Delan né à Moulins le 17 septembre 1753 (voir annexe n° 57) décédé probablement à Moulins en bas âge le......

3° Louis Pierre Delan né à Moulins le 19 septembre 1754 (voir annexe n° 58) décédé à Moulins le 14 juillet 1769 (voir annexe n° 74).

4° Jeanne Delan née à Moulins le 23 septembre 1755 (voir

annexe nᵒ 59) décédée à Moulins le 5 juillet 1761 (voir annexe nᵒ 64).

5ᵒ Robert Joseph Delan né à Moulins le 5 octobre 1756 (voir annexe nᵒ 60) décédé probablement à Moulins en bas âge le......

6ᵒ *Jacques-Delan, mon bisaïeul*, né à Moulins le 16 mars 1758 (voir annexe nᵒ 61) décédé à Moulins rue des Augustins, le 12 avril 1806 (voir annexe nᵒ 82) marié a *Elisabeth Dénozier* (voir annexe nᵒ 77) le 5 août 1783.

7ᵒ Louise Delan née à Moulins le 8 mai 1760 (voir annexe nᵒ 62) décédée à...... le......

8ᵒ Jean Delan né à Moulins le 11 juillet 1761 (voir annexe nᵒ 65) décédé à Moulins le 20 juin 1769 (voir annexe nᵒ 73).

9ᵒ François Delan né à Moulins le 19 novembre 1762 (voir annexe nᵒ 66) décédé à...... le......

10ᵒ Georges Delan né à Moulins le 27 avril 1764 (voir annexe nᵒ 67) décédé à...... le......

11ᵒ Anne Gilberte Delan née à Moulins le 23 janvier 1766 (voir annexe nᵒ 68) décédée à...... le......

12ᵒ Jean Pierre Delan né à Moulins le 16 juillet 1767 (voir annexe nᵒ 69) décédé à...... le......

13ᵒ Marie Magdelaine Delan née à Moulins le 25 janvier 1769 (voir annexe nᵒ 72) décédée à...... le......

14ᵒ Anne Delan née à Moulins le 31 janvier 1770 (voir annexe nᵒ 75) décédée le même jour à Moulins (voir annexe nᵒ 76).

Avait *quatre frères* et *trois sœurs* dont il à été ci-dessus parlé.

Sixième Génération

Jacques Delan, maire de Moulins en 1793, sous la Convention et en 1798 sous le Directoire en collaboration avec MM. Radot et Merle, docteur en médecine de la Faculté de Montpellier (Il a passé sa thèse à Montpellier en 1779 à l'âge de 21 ans ; elle a pour titre *Tentamen thérapeuticum vésicatoriis*. j'ai retrouvé ce document à la bibliothèque nationale à Paris) né à Moulins le 16 mars 1758 (voir annexe nᵒ 61) décédé à

Moulins, rue des Augustins le 12 avril 1806 (voir annexe n° 82) marié à Moulins le 5 août 1783 à *Elisabeth Dénozier* (voir annexe n° 77) née à Moulins le 18 mars 1767 (voir annexe n° 71) décédée à Moulins, rue des Augustins, le 25 fructidor 1803 (an XI de la République ou 13 septembre 1803, voir annexe n· 80). Nous avons son portrait à l'huile. reproduit le 14 novembre 1896 par mes soins, d'après une miniature du temps faite elle-même d'après un portrait à l'huile peint de 1793 a 1800 et qui se trouve actuellement chez M. Marigner, son arrière petit-fils, par sa fille Madame Goutay-Pérignat, à Jose (Puy-de-Dôme).

A eu *deux* enfants :

1° *Etienne Delan, mon grand père*, né à Moulins le 20 septembre 1785 (voir annexe n· 78) décédé à Moulins, rue des Augustins, le 30 octobre 1827 (voir annexe n· 84) marié en 1809 à Bellenaves (Allier) à *Marie Madeleine Emilie Delaplanche.*

2° Anne Marie Delan née à Moulins le 29 juillet 1787 (voir annexe n· 79) décédée à Clermont-Ferrand (Puy-de-Dôme) vers 1863 à 1866, mariée à M. Goutay-Pérignat.

Avait *onze frères* et *sept sœurs* dont il a été ci-dessus parlé.

Septième Génération

Etienne Delan, docteur en médecine de la Faculté de Paris, (il a passé sa thèse le 23 août 1806 à l'âge de 21 ans; elle avait pour titre : *Essai sur la péripneumonie simple.* J'ai retrouvé ce document à la bibliothèque nationale à Paris) né à Moulins le 20 septembre 1785 (voir annexe n° 78) décédé à Moulins, rue des Augustins, le 30 octobre 1827 (voir annexe n° 84) marié en 1809 à Bellenaves (Allier) à *Marie Madeleine Emilie Delaplanche*, née à Bellenaves (Allier) le 9 avril 1790, décédée à Moulins, rue des Augustins, le 6 janvier 1858. Nous avons son portrait à l'huile reproduit par mes soins en décembre 1896, d'après une miniature du temps appartenant à mon cousin Gustave Bouchot-Plainchant également son petit-fils.

A eu trois enfants :

1º Marie Agnès Delan, née à Moulins le 4 juin 1811, décédée à Moulins le 2 janvier 1842 rue du Cherche-Midi, mariée à Prosper Bougarel notaire à Moulins qui a eu une fille Gilberte Emilie Bougarel née à Moulins le 8 avril 1831, décédée au Chateau du Parc, commune d'Izeure près Moulins (Allier) le 21 juillet 1893, mariée à M. Paul Corne.

2º Marie Anne Lise Delan née à Moulins le 7 juillet 1813, décédée à Moulins le 25 janvier 1880, mariée à Gabriel Bouchot-Plainchant, docteur en médecine à Moulins, qui a eu cinq enfants dont deux morts en bas âge et trois qui ont vécu et qui sont :

1º Gabriel Bouchot-Plainchant, avocat, né à Moulins le 15 février 1841, vivant, marié à Alix Charles Laronde qui a deux enfants 1º Gabrielle Bouchot-Plainchant mariée à Georges Patissier, Lieutenant au 10me régiment de Chasseurs à cheval qui elle-même a une fille Madeleine Patissier. 2º Michel Bouchot-Plainchant, étudiant.

2º Gustave Bouchot-Plainchant né à Moulins le 31 mai 1843, vivant, marié à Alexandrine Regnault sans enfants.

3º Edouard Bouchot-Plainchant né à Moulins le 27 avril 1847 décédé sans enfants à Paris le 5 Décembre 1890, marié à Marie Bordet.

3º *Pierre Charles Delan, mon père*, né à Moulins rue des Augustins, le 29 novembre 1820 (voir annexe nº 83) décédé à Moulins, rue des Augustins le 24 mai 1887 (voir annexe nº 86) marié a *Camille Compin* le 5 août 1845.

Avait *une sœur* Anne Marie Delan dont il a été ci-dessus parlé.

Huitième Génération

Pierre Charles Delan, avocat, né à Moulins, rue des Augustins, le 29 novembre 1820 (voir annexe nº 83) décédé à Moulins, rue des Augustins, le 24 mai 1887 (voir annexe nº 86) marié le 5 août 1845 à Bourbon-Lancy (Saône-et-Loire) à *Camille Compin* née à Bourbon-Lancy le 14 mars 1828 vivante encore aujourd'hui.

A eu *sept* enfants

1º Jean Claude Charles Delan né à Moulins le 17 février 1847 décédé célibataire à Moulins, rue des Augustins, le 25 août 1895.

2º Alice Delan née à Bourbon-Lancy (Saône-et-Loire) en mai 1850, décédée à Sainte-Catherine, commune d'Izeure, près Moulins en août 1850.

3º *Alfred Gilbert Delan* né à Sainte-Catherine, commune d'Izeure, près Moulins, le 28 mai 1851 (voir annexe nº 85) vivant, marié à Paris à *Marie Louise Leroy*, qui a — une fille Louise Gilberte Delan née à Paris le 5 mai 1880.

4º Marie Emma Delau, vivante, née à Sainte-Catherine commune d'Izeure, près Moulins, le 18 décembre 1857, mariée à Moulins à Hubert Le Cousturier entreposeur des Tabacs à Nantes (Loire inférieure) qui a eu deux enfants: 1º Andrée Le Cousturier née à Moulins le 16 février 1880, vivante, 2º Odette Le Cousturier née à Moulins le 28 mars 1881, décédée au Perreux (Seine) le 6 septembre 1894.

5º Gilbert Antoine Albert Delan, contrôleur des Tabacs à Béthune (Pas-de-Calais), vivant, né à Sainte-Catherine, commune d'Izeure près Moulins, le 16 juin 1859, marié à Paris à Marguerite Bureau qui a deux enfants : 1º Germaine Delan née à Saint-Marcellin (Isère) le 28 décembre 1886 et 2º Marie Louise Delan, née à Saint-Marcellin (Isère) le 11 janvier 1888.

6º Réné Paul Delan né à Sainte-Catherine commune d'Izeure près Moulins, le 6 janvier 1861, décédé célibataire à Alger le 24 décembre 1895.

7º Henri Marcel Delan né à Moulins, rue des Augustins, le 29 mai 1863, greffier de la Justice de Paix de Montmorency (Seine-et-Oise) vivant et marié à Saint-Leu Taverny (Seine-et-Oise) à Gabrielle Houdry qui a deux enfants : 1º Charles Emile Delan né à Montmorency (Seine-et-Oise) le 16 mars 1896 et 2º Marcel Delan né à Montmorency (Seine-et-Oise) le 10 décembre 1897.

A vail *deux sœurs* dont il a été parlé ci-dessus.

Neuvième Génération

Alfred Gilbert Delan, licencié en droit (thèse passée à la Faculté de Droit de Paris le 26 mars 1874 et ayant pour sujet *de la Tutelle*) ancien commis principal a la Caisse des dépots et consignations, ancien secrétaire particulier du Ministre de l'Intérieur et du Garde des Sceaux, M. Sarrien, en 1886 et 1887, ancien chef du secrétariat particulier du Ministre de l'Intérieur, M. Sarrien, en 1888, actuellement percepteur des contributions directes à Pantin (Seine) Officier d'Académie, né à Sainte-Catherine commune d'Izeure près Moulins le 28 mai 1851 (voir annexe n° 85) marié à Paris à *Marie Louise Leroy*, vivant.

A une fille *Louise Gilberte Delan*, vivante, née à Paris le 5 mai 1880.

A eu *quatre frères* et *deux sœurs*.

Certifié conforme,

Paris, le 1er Janvier 1899.

Alfred DELAN,

ANNEXES

ANNEXE N° 1

Remarques

Mon *sixter aïeul Jehan Dlan* et *Jean De'an* s'est marié deux fois. *Mon trisaïeul Jean Gilbert Delan* s'est marié trois fois, la dernière fois à l'âge de cinquante ans. *Marie Charles, ma quater aïeule,* s'est remariée à l'âge de 33 ans. *Marie Delan* fille de mon *quater aïeul* et de *Marie Charles* ma *quater aïeule* s'est remariée. *Mon père Pierre Charles Delan* et mon *trisaïeul Jean Gilbert Delan* avaient le même âge quand ils ont perdu leur père (1820-1827 1702-1709) sept ans. *Mon septer aïeul* paraît être décédé à l'âge de 35 ans, mon *sixter aïeul* à 52 ans, mon *quinter aïeul* à 39 ans. Mon *quater aïeul* est décédé à l'âge de 36 ans, mon *trisaïeul* parait être décédé passé 68 ans, mon *bisaïeul* est décédé à l'âge de 48 ans, mon *grand père* à 42 ans, mon *père* à 67 ans. Conclusion : mon *trisaïeul* et *mon pére* auraient vécu *les plus vieux* et *mon septer aïeul* et *mon quater aïeul* seraient morts les *plus jeunes.* Nous n'avons, pendant les trois siècles de cette généalogie, jamais *aucun de nous* connu notre *grand père paternel.* Quand en effet *je suis né* en 1851 mon *grand père* était décédé, quand *mon père* est né en 1820 son *grand père* était décédé et ainsi de suite. Il en sera de même pour les fils de mon frère *Henri. Mon père, Madame Bouchot-Plainchant sa sœur* et ma *grand'mère Delan* sont décédés au même âge, 67 ans, 1820-1887, 1813-1880, 1790-1858. Mon *grand-père* et mon *bisaïeul* ont été reçus docleurs en médecine, tous les deux au même âge 21 ans, 1785-1806, 1758-1779. Mon *trisaïeul Jacques Delan* portait le même prénom *Jacques* que le *frère* de son *trisaïeul.* Ma *fille Louise Gilberte* porte les deux prénoms de ses ancêtres au XVIᵉ et au XVIIᵉ siècles. Mon *frère Henri* a épousé 150 ans plus tard une demoiselle *Houdry,* comme son *trisaïeul Jean Gilbert Delan.* Je porte le prénom de mon *trisaïeul Gilbert ;* mon *frère Albert* porte le prénom de son *trisaïeul Gilbert* et celui du *frère* de son *quinter aïeul Antoine*. Mon *père* portait le prénom de *Pierre* d'un frère de *son trisaïeul Jean Delan* et de son *grand père Jacques Delan*. Notre *grand père* portait le prénom d'un *frère de son père, Etienne*. Mon *frère Henri* porte le prénom du frère de son *quinter aïeul Jean Delan, Henri*. Le *fils ainé* de mon *frère Henri* est né le 16 mars 1896, même quantième que *mon bisaïeul Jacques Delan 16 mars 1758. Mon père* s'est marié le même quantième que son *grand père Jacques Delan*, 5 août 1845, 5 août 1783. Mon *frère Charles* portait les prénoms dominant de la famille *Jean* et *Claude* et celui de *Charles* qui se retrouve plusieurs fois aussi. Ma sœur *Marie Delan* porte le prénom de Marie très répandu dans la famille. *Mon père* est né le même quantième que *Pierre Charles Delan*, frère de son trisaïeul Jean Delan, 29 novembre 1681, 29 novembre 1820. Il y a eu dans la famille *un* greffier du Roy, *deux* curés, *un* religieux, *deux* procureurs au siège présidial et sénéchaussée de Moulins en Bourbonnais, *un* procureur du Roy, *trois* avocats au parlement, *un avocat* a la cour d'appel de Paris, *trois* médecins, *un* percepteur, *un* contrôleur des Tabacs et *un* greffier de Justice de Paix.

ANNEXE N° 2

Inscriptions mises à la plume derrière les portraits de *Jean Delan mon quater aïeul* et *Marie Charles ma quater aïeule* par Jacques Delan leur petit-fils, quand il a fait restaurer et réencadrer les dits portraits sous le règne de Louis XVI de 1775 a 1789.

1° Portrait de *Jean Delan* avocat et procureur au siège présidial et sénéchaussée de Moulins en Bourbonnais, marié en 1696 à Marie Charles, *père* de *Jean Gilbert Delan* avocat au parlement et *grand père* de *Jacques Delan*, médecin.

2° Portrait de *Marie Charles*, fille de *Jean Charles*, chirurgien à Moulins et de *Catherine Rougnon*, mariée en 1696 à *Jean Delan* avocat et procureur au siège présidial et sénéchaussée de Moulins, *mère* de *Jean Gilbert Delan* avocat, et *grand'mère de Jacques Delan*, médecin.

NOTA. — Les deux portraits ont été peints de 1696 à 1709

par un élève de l'école *de Rigaud* et avaient primitivement la forme ovale ainsi que leurs premiers cadres.

ANNEXE N° 3

Extrait des cahiers manuscrits *d'Hozier* qui se trouvent aux archives de la Bibliothèque Nationale à Paris (département des manuscrits).

D'Hozier. Armorial général, Bourbonnais, folio 448.

20 liv. (vingt livres).

N.... *de Lan* procureur en tous les sièges de la sénéchaussée et siège présidial de Moulins.

D'or à un annelet d'azur.

NOTA. — Les *d'Hozier* étaient de père en fils les généalogistes du Roi. Dès qu'on recevait un titre de noblesse on expédiait les pièces à d'Hozier qui les enregistrait moyennant 20 livres et le fait de cet enregistrement à l'armorial général était la preuve authentique de la distinction ou noblesse.

ANNEXE N° 4

Acte de baptême ou de naissance de *Jehan Dlan (mon sixter aïeul)* 24 octobre 1608.

Ce vingt quatrième octobre mil seize cent huict a esté baptisé *Jehan Dlan* fils d'André et de Izabel Pacaud, ses père et mère ; son parin Jehan Marye Depiro Toussaint Pacaud, sa marenne Margueritte Goyn.

ANNEXE N° 5

Acte de baptême ou de naissance *d'André Deland, fils de Claude Deland* 16 août 1619.

Le seizième augt (août) mil six cent dix neuf a esté baptisé *André* fils de Messire Claude Deland, greffier du Roy et de dame Marye et a esté parrin Pierre André Potard, marchand de la ville et marraine dame Margueritte Audiat femme de Messire Louys Maqui

ANNEXE N° 6

Acte de baptême ou de naissance d'*Anthoine Delan* fils de Jacques Delan, 25 juin 1635.

Le vingt-cinquième jour de juin mil six cent trente cinq a esté baptisé *Anthoine Delan* fils de Jacques Delan et de Jehanne Aubert Viquiboutz. A esté parrain sieur Anthoine Saupant praticien et marraine Claudie (illisible).

ANNEXE N° 7

Acte de baptême ou de naissance de *Anne Delan*, 26 janvier 1638.

Le vingt-sixième jour de janvier mil six cent trente huict a esté baptizée *Anne,* fille de Jean Delan et de Suzanne Olivier ses père et mère ; parrain a esté François Brisfot contrôleur de la Maison de Madame la duchesse de Montmorancy, et la marraine damoiselle Anne Dubouys femme du sieur (illisible)

ANNEXE N° 8

Acte de baptême ou de naissance de *Gilbert Delan* 25 août 1639.

Le trentième d'août mil six cent trente neuf a esté baptisé *Gilbert Delan* né le 25 du même mois, fils de Jehan Delan et de Catherine Bouché ses père et mère ; son parrain a esté M. Gilbert Dauril procureur à Moulins et sa marraine Marguéritte Daguet femme de deffunt Messire Jehan Delan sergent royal (2 mots illisibles) laquelle a dit ne savoir signer.

ANNEXE N° 9

Acte de baptême ou de naissance de *Louise Taillon ma quinter aïeule* 13 août 1644.

Le quatorze août mil six cent quarante quatre a esté baptisée *Louise* fille de Messire Jean Taillon et Françoise Liandon née le précédent jour; son parrain a esté *Noble* Gabriel Liandon et sa marraine dame Louise Pinet.

ANNEXE N° 10

Acte de baptême ou de naissance de *Jean Delan*, mon *quinter aïeul*, 22 août 1648.

Ce vingt deux août mil six cent quarante huict a esté baptisé *Jean* né le même jour, fils de Jean Delan et de Catherine Bouché; a esté parrain Jean Pontois marchand de la ville et la marraine Marie Petit; la marraine a dit ne pouvoir signer.

ANNEXE N° 11

Acte de baptême ou de naissance de *Jeanne Delan*, 7 Juillet 1650.

Le sept Juillet mil six cent cinquante a esté baptisée *Jeanne* fille de Jean Delan et de Catherine Bouché sa femme; a esté le parrain *Noble* Claude François (2 mots illisibles) du Roy de cette ville et sa marraine Jeanne Bouché, femme de Gilbert Proust maistre apoticaire de cette ville.

ANNEXE N° 12

Acte de baptême ou de naissance de *Hugues François Delan* 17 Juillet 1651.

Le premier août mil six cent cinquante et un a esté baptisé *Hugues François* né le 17 de Juillet, fils d'Hugues Delan et de Marguerite Prunié sa femme; a esté son parrain Constant Poissonnier Paulmier, sa marraine Françoise Francine Foy, femme de Jean Ambroise Paulmier lesquels ont signé.

ANNEXE N° 13

Acte de baptême ou de naissance de *François Delan* 25 Juillet 1654.

Le vingt-sixième Juillet mil six cent cinquante quatre a esté baptisé *François Delan* fils de Messire Jean Delan et de Catherine Bouché ses père et mère, né le 25 du même mois; a, esté parrain M. François Noyet bourgeois de cette ville, et sa marraine Louise Egrauté femme de M. Philippon Brossier lesquels ont signé.

ANNEXE N° 14

Acte de baptême ou de naissance de *Jean-Baptiste Delan* 23 Juillet 1655.

Le vingt-sixième Juillet mil six cent cinquante cinq a esté baptisé *Jean-Baptiste Delan* fils du sieur Delan et de Catherine Bouché, ses père et mère, né le vingt-troisième du dit mois et as aisté parrain sieur Déranuville conseiller du Roy et lieutenant général criminel au siège présidial de Bourbonnis et marraine damoiselle Anne Marie Charruyer femme de Maistre François Brirot greffier en chef du présidial et des sièges (2 mots illisibles) de Moulins qui ont signé.

ANNEXE No 15

Acte de baptême ou de naissance de *Claude Delan;* 30 octobre 1656.

Cejourd'hui troisième de novembre mil six cent cinquante six a desté baptisé *Claude* fils de Jean Delan et de Catherine Bouché, ses père et mère, né le 30 du mois d'octobre de la présente année; a esté parrain Messire Claude Degoberrière praticien, et marraine Marguerite Philipard, femme de Jean Debard (2 mots illisibles) fille qui ont signé.

ANNEXE No 16

Acte de baptême ou de naissance de *Claude Gilbert Delan* 1er novembre 1657.

Le premier jour de novembre mil six cent cinquante sept fut baptisé *Claude Gilbert*, fils de Jehan Delan et de Catherine Bouché sa femme; parrain Gilbert Aujouannet praticien, marraine Claudine Gueugnoy femme de François Beraud notaire royal.

ANNEXE No 17

Acte de baptême ou de naissance de *Magdelaine Delan* 3 avril 1658.

Le trois avril mil six cent cinquante huict a esté baptisée *Magdelaine* fille de Jean Delan et de Catherine Bouché ses père et mère; a esté son parrain Jean Moreau, médecin chirurgien et sa marraine damoiselle Magdelaine d'Ismard femme à *Noble* Claude (illisible) laquelle a déclaré ne savoir signer.

ANNEXE No 18

Acte de baptême ou de naissance de *Pierre Delan;* 17 novembre 1658.

Cejourd'hui dix-sept novembre mil six cent cinquante huict a esté baptisé *Pierre*, fils de Jehan Delan et de Catherine

Bouché, sa femme; parrain Pierre Buion, procureur à la sénéchaussée; marraine Gabrielle Duchâtel femme de Messire Jean Dissert, bourgeois de Moulins.

ANNEXE Nº 19

Acte de baptême ou de naissance de *Marie Delan* 18 avril 1661.

Le vingt-sixième jour d'avril mil six cent soixante-un a esté baptisée *Marie*, née le dix-huitième du même moys, fille de Messire Jean Delan et de Catherine Bouché, sa femme; a esté parrain sire Claude Vernoy, marchand libraire et imprimeur du Roy et marraine Marie Dauril fille de feu Gilbert Dauril procureur au présidial de Moulins qui a dit ne savoir signer.

ANNEXE Nº 20

Acte de baptême ou de naissance de *Jean Delan, mon quater aïeul*, 25 mars 1673.

Le vingt-sixième Mars mil six cent septante trois a esté baptisé *Jean* né le jour précédent fils de Messire Jean Delan procureur en la sénéchaussée et siège présidial du Bourbonnais et de Dame Louyse Taillon. A esté parrain Jean Clermont lieutenant du Roy pour le district du Bourbonnais en la ville de Souvigny et marraine dame Jeanne Marie Liandon, femme de M. Charbonnier advocat.

ANNEXE Nº 21

Acte de baptême ou de naissance de *Jeanne Delan*, 6 mai 1675.

Le neuvième jour du mois de may mil six cent soixante et quinze a estée baptisée *Jeanne Delan*, née le sixième du même mois, fille de Messire Jean Delan procureur à Moulins et de dame Louise Taillon, sa femme; a esté parrain Gilbert Aujouannet procureur à Moulins; a esté marraine Jeanne Delan, fille de Messire Henry Delan, lesquels ont signé avec nous-même.

ANNEXE N° 22

Acte de baptême ou de naissance de *Marie Charles, ma quater aïeule,* 18 mars 1676.

Le dix-huict mars mil six cent septante six à esté baptisée *Marie Charles,* née le même jour, fille de Jean Charles, médecin chirurgien et de Catherine Rougnon sa femme; ont été parrin marraine Jean Cantat notaire Royal à Moulins et damoiselle Marie Michel, femme de Messire Jean Loyon sieur Degiuveillot qui ont signé.

ANNEXE N° 23

Acte de baptême ou de naissance de *Sébastien Delan,* 18 novembre 1677.

Le vingt et un novembre mil six cent soixante dix-sept à esté baptisé *Sébastien Delan,* né le dix-huict, fils de Jean Procureur et de Louise Taillon, sa femme; ont esté parrain Maquin marchand bourgeois, et marraine damoiselle Jeanne Gilberton, sa femme.

ANNEXE N° 24

Acte de baptême ou de naissance de *Henri Delans,* 1er novembre 1679.

Le quatrième jour de novembre mil six cent soixante dix-neuf à esté baptisé *Henri Delans,* fils légitime de Jean Procureur et de Louise Taillon et né depuis le premier jour du même mois sur les huict heures du soir. Le parrain Messire Henry Delan, curé de Meillet son oncle, et marraine Marie Goyt.

ANNEXE N° 25

Acte de baptême ou de naissance de *Pierre Charles Delan,* 29 novembre 1681.

Le trentième de novembre mil six cent quatre vingt un je soussigné certifie avoir baptisé *Pierre Charles Delan* fils légitime de Jean Delan, procureur, et de Louise Taillon né le 29 du même mois; a esté parrain et marraine Pierre Blin advocat en parlement, et dame Marie Faydeau dame de François Maréchal, secrétaire chevalier de Bins.

ANNEXE N° 26

Acte de décès d'*Henry Delan,* 7 septembre 1682.

Le sept septembre mil six cent quatre-vingt-deux a été inhumé dans l'église de St-Pierre des Ménestraux, *Henry Delan,* fils de Jean Delan procureur au siège présidial de Moulins.

ANNEXE N° 27

Acte de baptême ou de naissance de *Gilbert Delan,* 23 novembre 1683.

Le vingt-quatre novembre mil six cent quatre-vingt-trois a esté baptisé *Gilbert Delan,* fils légitime de Messire Jean Procureur en cette ville et de Louise Taillon né le vingt-troisième du même moys; parrain Gilbert Parchot procureur en parlement, et marraine Louise Rouzée, fille de M. Pierre, Procureur en parlement.

ANNEXE N° 28

Acte de baptême ou de naissance de *Jean Delan,* 3 janvier 1686.

Le sixième de Janvier mil six cent quatre-vingt six a esté baptisé *Jean Delan,* fils de Jean Delan procureur de la sénéchaussée du siège présidial de Moulins et de Louise Taillon, sa femme, né le troisième du dit moys entre les neuf et dix heures du soir; a esté parrain Jean François Maréchal écuyer de Binz, capitaine au régiment des fusellers du Roy et marraine Anne Macquin fille de (illisible) de Panloup.

ANNEXE N° 29

Acte de baptême ou de naissance de *Louys Pierre Delan,* 3 avril 1687.

Le sixième avril mil six cent quatre-vingt sept a esté baptisé *Louys Pierre Delan,* fils légitime de Messire Jean, procureur, et de dame Louyse Taillon, ses père et mère et né le troisième du dit moys à huict heures du matin; le parrain M. Pierre d'Auril aussi procureur, la marraine damoiselle Gabrielle Maulay, femme de Messire Pierre Boutin des Mignots qui on signé avec moy à ce enquis.

ANNEXE N° 30

Acte de décès de *Marguerite Delan*, 27 décembre 1687.

Le vingt-sept décembre mil six cent quatre-vingt sept a été inhumée, aux Augustins, *Marguerite Delan* agée de 39 ans, femme de Michel Valoix, joueur de violon.

ANNEXE N° 31

Acte de mariage de *Jean Delan* mon *quater aïeul* et de *Marie Charles*, ma *quater aïeule*, 24 janvier 1696.

Cejourd'hui vingt-quatre janvier mil six cent quatre-vingt seize, aprés la bénédiction des fiançailles, lectures des publications aux prônes de nos messes de paroisse pour le mariage d'entre *Messire Jean Delan* advocat en Parlement, fils de deffunt Messire Jean Delan, Procureur en la sénéchaussée et siège présidial de Moulins, et de deffunte damoiselle Louise Taillon, ses père et mère d'une part, et damoiselle *Marie Charles*, fille de deffunt Messire Jean Charles, chirurgien, et de deffunte Catherine Rougnon, ses père et mère, d'autre part, tous deux de cette paroisse. Ne s'étant trouvé aucun empêchement légitime, je leur ai donné la bénédiction nuptiale, en présence de Messires Antoine Delan, doyen de Verneuil et tuteur de l'époux et Henry Delan, curé de Meillet, oncle de l'époux, et de Jean Mestraud, marchand, et de Annet Mignot, propriétaire, et de Messire Claude Vilhardin, tuteur de l'épouse, Messire François Charles, chanoine de l'église Notre-Dame, M. Louys Charles, advocat, Messire Antoine Charles, frères de l'épouse et autres parents et amys qui ont signé avec les parties. Suivent les signatures.

ANNEXE N° 32

Acte de décès de *Marie Delan*, 1er octobre 1697.

Le premier octobre a été inhumée dans l'église Saint-Jean, *Marie Delan* fille de Jean advocat et de Marie Charles.

ANNEXE N° 33

Acte de baptême ou de naissance de *Marie de Lan*, 24 juillet 1700.

Le vingt-quatrième jour de juillet mil sept cent a esté

baplisée *Marie* fillc de Maistre *Jean de Lan,* procureur au siège de Moulins et de dame Marie Charles, née du même jour: a esté parrain Annet Mignot procureur en tous les sièges de Moulins et marraine damoiselle Marie Vernoy femme d'Anthoine.

ANNEXE N° 34

Acte de mariage de *Catherine Delan* et de *François Boutin,* 19 janvier 1701.

Le dix-neuf janvier mil sept cent un mariage de *François Boutin,* bourgeois en cette ville et de *Catherine Delan,* fille de deffunt Jean Delan et dame Louise Taillon. La bénédiction nup_tiale a esté donnée par Henry Delan curé de Meillet, oncle de l'épouse; a esté témoin Antoine Delan, curé de Verneuil son autre oncle paternel.

ANNEXE N° 35

Acte de baptême ou de naissance de Pierre Charles *Raphaël Delan,* 14 octobre 1701.

Le quatorze octobre mil sept cent un a esté baptisé *Pierre Charles Raphaël Delan* né du même jour, fils légitime de Messire Jean, Procureur en tous les sièges et damoiselle Marie Charles; ont esté parrain et marraine Pierre Delan, fils de deffunts Jean et de damoiselle Marie Louise Taillon, et damoiselle Catherine Alaroze femme de M. Sébastien Charbonnier docteur en médecine, lesquels ont signé avec nous.

ANNEXE N° 36

Acte de baptême ou de naissance de *Jean Gilbert Delan, mon trisaïeul,* 20 décembre 1702.

Aujourd'hui vingt décembre mil sept cent deux a esté baptisé *Jean Gilbert Delan,* fils de Jean Delan, procureur au siège présidial et en la sénéchaussée de Moulins et de dame Marie Charles sa femme; a esté son parrain Jean Gilbert Michel, procureur au dit siège et a esté la marraine Catherine Delan sa tante paternelle épouse de M. François Boutin qui ont signé.

ANNEXE N° 37

Acte de baptême ou de naissance de *Pierre Charles Delan,* 28 avril 1704.

Le vingt-huit avril mil sept cent quatre a esté baptisé *Pierre Charles Delan,* fils légitime de Messire Jean Delan procureur en tous les sièges et dame Marie Charles ; ont esté parrain Pierre Charles Delan, docteur en médecine, son oncle et marraine damoiselle Louise Vilhardin, femme du sieur Gabriel Farionet seigneur d'Autherive lesquels ont signé.

ANNEXE N° 38

Acte de baptême ou de naissance de *Marie Guichard, ma première trisaïeule,* 28 janvier 1705.

Ce vingt-neuf janvier mil sept cent cinq a esté baptisée *Marie Théraize Guichard* née du jour précédent, fille légitime de Gilbert Guichard greffier du Roy et de Marguerite Gabard sa femme : son parrain a esté M. Pierre Decamp notaire royal et sa marraine Marie Théraize Leuinuille, fille de Claude Leuinuille pâtissier qui ont signé enquis.

ANNEXE N° 39

Acte de baptême ou de naissance de *François Delan,* 30 septembre 1705.

Cejourd'hui premier octobre mil sept cent cinq a esté baptisé *François Delan,* né de la veille, fils légitime de Jean Delan procureur en tous les sièges et de Marie Charles ses père et mère ; ont esté parrain et marraine François Boutin sieur de Mignaux, capitaine de la milice bourgeoise né en cette ville, et Marie Hatié, femme du sieur Pierre Moreau docteur en médecine, lesquels ont signé avec nous.

ANNEXE N° 40

Acte de baptême ou de naissance de *Jean Delan,* 29 décembre 1707.

Le vingt-neuf décembre mil sept cent sept a esté baptisé *Jean,* fils légitime de Jean Procureur et de damoiselle Marie

Charles, né de ce jour; son parrain a esté Messire Jean Mestrault receveur des espèces au trésor; sa marraine damoiselle Marie Tridon épouse du sieur Durand docteur en médecine, lesquels ont signé enquis.

ANNEXE N° 41

Acte de décès de *Pierre Charles Delan*, 11 mars 1709.

Onze mars mil sept cent neuf décès de *Pierre Charles Delan*, fils de Jean Procureur et de Marie Charles, âgé de cinq ans.

ANNEXE N° 42

Acte de baptême ou de naissance de *Louise Delan*, 24 mai 1709.

Aujourd'hui vingt-cinquième may mil sept cent neuf a esté baptisée *Louise*, fille légitime de Messire Jean Delan procureur en tous les sièges et de damoiselle Marie Charles, sa femme, née du jour précédent à neuf heures du soir; son parrain *Noble* Louis Charles, seigneur de la Mothe advocat en parlement, sa marraine damoiselle Louise Dumont, femme de Monsieur Charbonnier advocat en parlement lesquels ont signé avec nous.

ANNEXE N° 43

Acte de décès de *Jean Delan*, *mon quater aïeul*, 16 novembre 1709.

Le dix-huit novembre mil sept cent neuf a esté inhumé dans l'église de St-Pierre *Jean Delan* procureur, âgé de trente six ans, mary de Marie Charles, décédé le 16.

ANNEXE N° 44

Acte de baptême ou de naissance de *Margueritte Houdry*, *ma troisième trisaïeule*, 1er novembre 1727.

Aujourd'hui premier novembre mil sept cent vingt-sept a esté baptisée *Margueritte*, fille de Claude Houdry marchand et de Marie Beraud; son parrain a esté Georges Michel et la marraine Margueritte Baruelle.

ANNEXE N° 45

Acte de mariage de *Marie Delan et de M. Moyssant*, 30 septembre 1728.

Le trente septembre mil sept cent vingt huit, mariage de *Marie Delan* fille de Jean Delan et de Marie Charles avec *M. Moyssant*, contrôleur du Bureau général des Tabacs. Témoin Jean Gilbert Delan, frère de l'épouse.

ANNEXE N° 46

Acte de baptême ou de naissance de *Marguerite Delant*, 14 mai 1733.

Le quatorze mai mil sept cent trente-trois, a esté baptisée *Marguerite Delant*, fille légitime de Jean Gilbert Delant, advocat en parlement et de dame Marie Guichard ; le parrain a esté Claude Brirot et la marraine dame Marguerite Gabard sa grand-mère, veuve de Gilbert Guichard greffier aux domaines qui ont signé.

ANNEXE N° 47

Acte de baptême ou de naissance d'*Estienne Delan*, 29 mai 1734.

Le trente may mil sept cent trente quatre a esté baptisé *Estienne* né la veille, fils légitime de Jean Gilbert Delan advocat en parlement et damoiselle Marie Guichard son épouse ; le parrain a esté Estienne Barbara, procureur à ces cours et la marraine dame Marie Charles sa grand-mère, veuve en premières noces de Messire Jean Delan advocat en parlement lesquels ont signé avec nous.

ANNEXE N° 48

Acte de décès de *Marie Charles, ma quater-aïeule*, 23 mars 1738.

Le 24 mars mil sept cent trente huit a été inhumée en cette église, dame *Marie Charles*, veuve en premières noces de Messire Jean Delan advocat en parlement et procureur de la sénéchaussée au siège présidial de Moulins et en secondes noces de *Charles Brirot* advocat en parlement, décédée la veille, munie des sacrements.

ANNEXE No 49

Acte de baptême ou de naissance de *Baptiste Charles Delan* 26 février 1739.

Le vingt-sixième février mil sept cent trente neuf a esté baptisé *Baptiste Charles* fils légitime de Maistre Jean Gilbert Delan advocat en parlement et de dame Marie Guichard. Parrain Pierre Charles Delan docteur en médecine grand oncle paternel et dame Marguerite Gabard veuve de Gilbert Guichard greffier aux domaines, sa grand-mère.

ANNEXE No 50

Acte de baptême ou de naissance de *Marie Delan*, 11 janvier 1740.

Cejourd'hui onze janvier mil sept cent quarante a esté baptisée *Marie* née du même jour à cinq heures du matin, fille légitime de Maistre Jean Gilbert Delan advocat en parlement et de damoiselle Marie Guichard son épouse; son parrain a esté sieur Etienne Barbaras fils de Messire François Barbaras, de son commerce procureur en parlement représenté par Gilbert Gouat, Gabriel, charpentier et la marraine damoiselle Marie Delan veuve du sieur Louis Moyssant employé dans les affaires du Roy, sa tante paternelle, représentée par Michel Briquet veuve de Charles Vevot jardinier, servante domestique du dit sieur Delan qui a déclaré ne savoir signer; le parrain a signé avec moi Bougarel vicaire.

ANNEXE No 51

Acte de baptême ou de naissance de *Baptiste Joseph Raphaël Delan*, 14 janvier 1742.

Aujourd'hui quatorzième janvier mil sept cent quarante deux est né et a esté baptisé *Baptiste Joseph Raphaël*, fils légitime de Maistre Jean Gilbert Delan advocat en parlement, conseiller du Roy, châtelain des Châtellenies royales de Chevagnes le Roy et de Thiel, et damoiselle, Marie Guichard; son parrain a esté Révérend père Pierre Raphaël Delan, religieux de la Charité, prieur de Moulins, absent, oncle de l'enfant et représenté par M. Estienne Delan frère de l'enfant et marraine damoiselle Louise Delan, tante de l'enfant qui ont signé avec moy Raphaël.

ANNEXE N° 52

Acte de décès de *Marie Guichard, ma première trisaïeule*, 23 janvier 1742.

Aujourd'hui vingt-quatre janvier mil sept cent quarante deux a esté inhumée *Marie Guichard*, épouse de Jean Gilbert Delan advocat en parlement, décédée la veille *subitement*, après avoir reçu l'extrême onction, âgée de trente sept ans

ANNEXE N° 53

Acte de décès *d'Estienne Delan*, 29 janvier 1743.

Aujourd'hui vingt-neuf janvier mil sept cent quarante-trois a été inhumé aux Augustins *Estienne Delan* fils de Jean Gilbert Delan advocat en parlement, âgé de neuf ans

ANNEXE N° 54

Acte de décès de *Baptiste Charles Delan*, 21 mars 1743.

Le vingt et un mars a été inhumé aux Augustins *Baptiste Charles Delan*, fils de Jean Gilbert Delan advocat en parlement de la ville, agé de quatre ans.

ANNEXE N° 55

Acte de mariage de *Jean Gilbert Delan mon trisaïeul* et de *Marguerilte Houdry, ma troisième trisaïeule*, 12 janvier 1752.

L'an mil sept cent cinquante deux le douze janvier, après les publications faites aux prônes de nos messes, paroisses, pendant trois dimanches ou fêstes consécutives, savoir les deux, six et neuf du présent mois, lorsqu'il nous est apparu aucun empêchement canonique, ni opposition civile, fian_çailles célébrées en face de l'église, toutes autres formalités requises duement observées, ont été reçus à la bénédiction nuptiale par moi Florimont Augustin Roussel, curé de Toury par absent et du consentement du curé de cette paroisse,

Noble *Jean Gilbert Delan* advocat en parlement veuf en premières noces de dame Marie Guichard et en deuxièmes noces de dame Marguerite Aminin d'une part, et damoiselle *Margueritte Houdry,* fille de feu sieur Claude Houdry marchand drapier et Mademoiselle Claire Beraud ses père et mère, tous les deux de cette ville et paroisse, reçu la rendue donnée par M. le curé d'Avermes, signé Boisson, et du consentement de la mère prouvée par le contrat de mariage et le concours du révérend père Raphaël Delan, religieux de la charité, de Claude Brirot, sieur de Laviau, de damoiselle Louise Delan, fille majeure, frères et sœurs du dit sieur contractant, de sieur Claude Antoine Houdry, marchand drapier de cette ville, de *Noble* Pierre Houdry, docteur en médecine, frères de la dite demoiselle contractante, du sieur Georges Michel marchand drapier de cette ville, de *Noble* Jean Baptiste François Pelletier advocat en parlement, son beau-frère, du sieur Georges Baruel, du sieur Louis Pierre Baruel aussi marchands drapiers de cette ville de Moulins, de Messire Georges Baruel, conseiller du Roy au siège présidial de Moulins, de dame Jeanne Marie Houdry, épouse du sieur Michel Georges, de dame Magdelaine Houdry femme du sieur Pelletier, de dame Magdelaine Michel, épouse du sieur Georges Baruel, de dame Marie Michel, épouse du sieur Louis Barruel, de damoiselle Claudine Baruel fille et plusieurs autres parents et amis qui ont pour la plupart signé avec nous et avec les parties et nous ont certifié la liberté et domicile des dites parties. Suivent les signatures.

ANNEXE N° 56

Acte de baptême ou de naissance de *Pierre Delan,* 21 octobre 1752.

Le vingt-deuxième octobre mil sept cent cinquante-deux a esté baptisé *Pierre,* né de la veille, fils légitime de Maistre Jean Gilbert Delan advocat en parlement et de dame Margueritte Houdry; son parrain Pierre Raphaël Delan, religieux de l'ordre St-Jean de Dieu, son oncle, représenté par Jean Guillon, domestique chez M. Baruelle, conseiller au présidial de Moulins; sa marraine Claire Beraud, veuve du sieur

Claude Houdry marchand drapier de cette ville, sa grand-
mère, représentée par Anne Bompard domestique du sieur
Delan, lesquels ont signé enquis.

ANNEXE N° 57

Acte de baptême ou de naissance de *Claude Antoine Delan*,
17 septembre 1753.

Le dix-sept septembre mil sept cent cinquante-trois a
esté baptisé *Claude Antoine*, né de ce jour à onze heures du
matin, fils légitime de Maistre Jean Gilbert Delan advocat en
parlement et de dame Margueritte Houdry; son parrain
M. Claude Antoine Houdry, son oncle maternel, sa marraine
damoiselle Louise Delan, sa tante paternelle, lesquels ont
signé avec nous et avec Maistre Jean Gilbert Delan son père.

ANNEXE N° 58

Acte de baptême ou de naissance de *Louis Pierre Delan*,
19 septembre 1754.

Le vingt septembre mil sept cent cinquante quatre a esté
baptisé *Louis Pierre*, né d'hier, fils légitime de Maistre Jean
Gilbert Delan advocat en parlement, procureur du Roy de
l'hôtel de ville de Moulins et de dame Margueritte Houdry; a
esté parrain Messire Louis Pierre Houdry docteur en médecine, oncle de l'enfant, représenté par Gilbert Brirot, domestique de M. Barruel conseiller au présidial de cette ville, sa
marraine dame Marie Delan épouse de M. Amyot employé
dans les affaires du Roy, sa tante, représentée par Marguerite
Bompard veuve Alexandre, domestique chez Monsieur Delan,
la dite veuve représentante a signé, le représentant ayant
déclaré ne le savoir.

ANNEXE N° 59

Acte de baptême ou de naissance de *Jeanne Delan*, 23 septembre 1755.

Le vingt-quatre septembre mil sept cent cinquante cinq a
estée baptisée *Jeanne*, née de la veille, fille légitime de Maistre
Jean Gilbert Delan advocat en parlement et procureur du Roy
du fait commun de cette ville et de dame Margueritte Houdry;

son parrain Claude Brirot, sieur de Laviau, son oncle paternel,
représenté par François Piquet jardinier, la marraine damoiselle Jeanne Houdry, sa tante maternelle, épouse du sieur
Georges Michel, marchand drapier dans cette ville, représentée par Jeanne Deville, veuve de François Evaux, domestique du sieur Delan lesquels ont déclaré ne savoir signer.

ANNEXE N° 60

Acte de baptême ou de naissance de *Robert Joseph Delan*,
5 octobre 1756.

Le sixième octobre mil sept cent cinquante-six a esté
baptisé *Robert Joseph* né la veille, fils légitime de Maistre Jean
Gilbert Delan advocat en parlement et procureur du Roy du
fait commun de cette ville et de dame Margueritte Houdry,
ses père et mère; son parrain Robert Joseph Amyot sieur
Duclone, son oncle paternel par alliance, représenté par François Piquet jardinier de cette ville; sa marraine dame Marie
Barbe Courtil, épouse de Messire Louis Pierre Houdry,
docteur en médecine, son oncle, conseiller d'honneur en la
sénéchaussée au siège présidial de Moulins, représentée par
Marguerite Barthomeuf, veuve de feu Gabriel Gaillard,
maistre cardeur, domestique du sieur Delan, lesquels ont
déclaré ne savoir signer.

ANNEXE N° 61

Acte de baptême ou de naissance de *Jacques Delan, mon
brisaïeul*, 16 mars 1758.

L'an mil sept cent cinquante-huit, le dix-sept mars, a esté
baptisé *Jacques*, né d'hier, fils légitime de Jean Gilbert Delan
advocat en parlement et procureur du Roy du fait commun
dé cette ville et de dame Margueritte Houdry, ses père et
mère. Le parrain M. Jacques Durand, commissaire du Roy en
l'élection de Moulins, son oncle paternel par alliance, représenté par M. Geoffroy vigneron de la paroisse de Lucenay les
Haies, et sa marraine Madeleine Houdry épouse de Jean
Baptiste Pelletier aussi advocat en parlement, représentée
par Françoise Jourant, domestique du sieur Delan lesquels
ont déclaré ne savoir signer.

ANNEXE N° 62

Acte de baptême ou de naissance de *Louise Delan* , 8 Mai 1760.

Aujourd'hui huit may mil sept cent soixante à esté baptisée *Louise* née de ce jour, fille légitime de Maistre Jean Gilbert Delan, advocat en parlement et procureur du Roy, du fait commun de cette ville et de dame Margueritte Houdry; son parrain a esté le sieur Georges Michel, marchand drapier, son oncle maternel et sa marraine dame Louise Delan épouse de Messire Jacques Durand conseiller du Roy en l'élection de Moulins, sa tante paternelle, qui ont signé avec nous.

ANNEXE N° 63

Acte de décès de *Pierre Delan*, 20 juin 1761.

Le vingt et un juin mil sept cent soixante et un, décès de *Pierre Delan*, fils de maistre Jean Gilbert Delan procureur du Roy, décédé la veille, âgé de neuf ans, muni de l'extrême onction. En présence de Gilbert et Antoine Peret.

ANNEXE N° 64

Acte de décès de *Jeanne Delan*, 5 juillet 1761.

Le six juillet mil sept cent soixante et un a été inhumée en cette église *Jeanne Delan*, fille de Jean Gilbert Delan et de Margueritte Houdry, décédée de la veille, âgée de six ans.

ANNEXE N° 65

Acte de baptême ou de naissance de *Jean Delan* 11 juillet 1761.

Le onze juillet mil sept cent soixante et un a esté baptisé sous condition *Jean*, né de ce jour, fils de Maistre Jean Gilbert Delan advocat en parlement et procureur du Roy du fait commun de cette ville et de dame Margueritte Houdry; son parrain a esté Jean Lebrun qui a signé, sa marraine Elisabeth Faure qui a déclaré ne savoir signer.

ANNEXE N° 66

Acte de baptême ou de naissance de *François Delan,* 19 novembre 1762.

Le vingt novembre mil sept cent soixante deux a esté baptisé *François,* né de la veille, fils légitime de Maistre Jean Gilbert Delan advocat en parlement et procureur du Roy du fait commun de cette ville et de dame Margueritte Houdry; parrain a esté François Michel fils de Georges Michel marchand et marraine damoiselle Anne Pelletier sa cousine lesquels ont signé.

ANNEXE N° 67

Acte de baptême ou de naissance de *Georges Delan,* 27 avril 1764.

Le vingt huit avril mil sept cent soixante quatre a esté baptisé *Georges* né de la veille, fils légitime de Maistre Jean Gilbert Delan advocat en parlement, procureur du Roy du fait commun de cette ville de Moulins, châtelain des chatellenies royalles de Chevagnes et de Thiel, et de dame Margueritte Houdry; son parrain M. Georges Barruel, sa maréine Magdeleine Michelle épouse de Maistre Georges Michel cousin et cousine lesquels ont signé avec nous.

ANNEXE N° 68

Acte de baptême ou de naissance de *Anne Gilberte Antoinette Delan,* 23 janvier 1766.

Aujourd'hui vingt quatre janvier mil sept cent soixante six a esté baptisée *Anne Gilberte Antoinette,* née d'hier a neuf heures trois quart du soir, fille légitime de Maistre Jean Gilbert Delan advocat en parlement et de Margueritte Houdry; son parrain a esté sieur Pierre Barruel, sa marraine damoiselle Jeanne Gilberte Antoinette Pelletier, cousin et cousine de l'enfant, lesquels ont signé avec nous ainsi que le père.

ANNEXE N° 69

Acte de baptême ou de naissance de *Jean Pierre Delan*, 16 juillet 1767.

Aujourd'hui, l'an mil sept cent soixante sept le dix-sept juillet a esté baptisé *Jean Pierre*, né de la veille, fils légitime de Jean Gilbert Delan advocat en parlement et de dame Margueritte Houdry son épouse; son parrain Jean Pierre Esminjaud, marchand de cette ville, sa marraine dame Boudhille, épouse de M. Louis fils de Houdry, docteur en médecine, conseiller du Roy en la sénéchaussée et siège présidial de Moulins, cousin et tante de l'enfant par alliance lesquels ont signé.

ANNEXE N° 70

Acte de décès de *Louise Delan* 25 octobre 1767.

L'an mil sept cent soixante sept le vingt-six octobre a été inhumée dans cette église dame *Louise Delan* épouse du sieur *Jacques Durand*, conseiller du Roy en l'élection de Moulins, décédée la veille âgée de cinquante-huit ans. Présents: Jacques Pinet et Jean Chabot qui ont signé requis.

ANNEXE N° 71

Acte de baptême ou de naissance d'*Elisabeth Dénozier, ma bisaïeule*, 27 décembre 1767.

L'an mil sept cent soixante sept le vingt sept décembre a esté baptisée *Elisabeth*, née de ce jour, fille légitime de M. Pierre Dénozier, conseiller du Roy au grenier à sel de Moulins et de Marie Anne Moreau; son parrain a esté Antoine Dominique de la Gauguière conseiller du Roy et son procureur en la Chambre du domaine de Bourbonnais; sa marraine Elisabeth Moreau fille de feu Antoine Moreau et de Geneviève Lheureux lesquels ont signé avec nous ainsi que le père de l'enfant.

ANNEXE N° 72

Acte de baptême ou de naissance de *Marie Magdelaine Delan*, 25 janvier 1769.

L'an mil sept cent soixante-neuf le vingt cinq janvier a esté baptisée *Marie Magdelaine*, née de ce jour, fille légitime de Maistre Jean Gilbert Delan advocat en parlement et de dame Margueritte Houdry son épouse; le parrain a esté sieur Robert Joseph Amyot intéressé aux affaires du Roy, oncle paternel par alliance de l'enfant, représenté par Louis Pierre Delan frère de l'enfant; la marraine dame Marie Magdelaine Michel, épouse du sieur Esminjaud marchand, cousine maternelle de l'enfant, lesquels ont signé enquis.

ANNEXE N⁰ 73

Acte de décès de *Jean Delan,* 20 juin 1769.

Le vingt juin mil sept cent soixante-neuf décès de *Delan Jean,* fils de Delan Jean Gilbert advocat en parlement et de Margueritte Houdry, âgé de huit ans.

ANNEXE N⁰ 74

Acte de décès de *Louis Pierre Delan,* 14 juillet 1769.

Le quatorze juillet mil sept cent soixante-neuf décès de *Louis Pierre Delan,* fils légitime de Jean Gilbert Delan, advocat en parlement et de Margueritte Houdry, âgé de seize ans.

ANNEXE N⁰ 75

Acte de baptême ou de naissance *d'Anne Delan,* 31 janvier 1770.

L'an mil sept cent soixante-dix ont esté supplées les cérémonies du baptême à *Anne,* née de ce jour, ondoyée à la maison à cause du danger de mort, fille légitime de Maistre Jean Gilbert Delan advocat en parlement et de Margueritte Houdry, son épouse; son parrain a esté M. Bouscat Aladane fils de feu Claude Aladane; sa marraine Anne Brigandet fille de défunt Claude Léon Brigandet, lesquels ont déclaré ne savoir signer.

ANNEXE N⁰ 76

Acte de décès *d'Anne Delan,* 31 janvier 1770.

Le trente un janvier mil sept cent soixante dix, décès de *Anne Delan,* fille de Jean Gilbert Delan et de Margueritte Houdry, décédée le jour de sa naissance.

ANNEXE N° 77

Acte de mariage de *Jacques Delan mon bisaïeul* et d'*Elisabeth Dénozier, ma bisaïeule*, 5 août 1783.

L'an mil sept cent quatre-vingt trois, le cinquième jour d'août, après la publication d'un seul banc (conséquemment fait en cette paroisse) sans empêchement canonique ni oppositions civiles et avec avertissement au peuple que c'était pour première et dernière publication pour le futur mariage entre **Noble** *Jacques Delan*, docteur en médecine, fils majeur de deffunt Messire Jean Gilbert Delan vivant avocat en parlement et de dame Margueritte Houdry d'une part, et de *Elisabeth Dénozier*, fille mineure de M. Pierre Dénozier, vivant, conseiller du Roy, contrôleur au grenier à selle de cette ville et paroisse d'autre part; vu les dispenses des deux autres bans accordées par Monseigneur l'évêque d'Autun en date du trois de ce mois, signé, Simon de Granchamp, vicaire général officiant contresigné Valestas, secrelaire duement infirmé et contrôlé au greffe des infirmations ecclésiastiques du diocèse d'Autun, les mêmes jour et ont signé Perrel. Vu encore l'extrait mortuaire de Jean Gilbert Delan père du sieur futur ensemble son extrait baptistaire par lequel la majorité nous est constatée; en outre l'extrait mortuaire du sieur Dénozier père de la damoiselle future, funérailles célébrées en face de la sainte église, toutes autres formalités requises duement observées, nous soussigné, prieur de Saint-Vincent de Rey et vicaire de la sainte paroisse, après avoir reçu le mutuel consentement des susdites parties, par paroles des présentes, leur avons donné la bénédiction nuptiale, en présence et du consentement des mères des dits époux, de Messire Georges Michel ancien négociant son cousin et Messire Etienne Dénozier receveur du centime denier frère de la damoiselle épouse, de M. Jean Moreau Bourgeois, de M. Antoine Moreau aussi Bourgeois ses oncles paternels, de plusieurs autres parents et amis, qui après avoir signé et avoir certifié ce que dessus, sur l'âge, le domicile et la liberté des dites parties ont ainsi qu'elles, signé avec nous. Suivent les signatures.

ANNEXE N° 78

Acte de baptême ou de naissance d'*Etienne Delan, mon grand père*, 20 septembre 1785.

L'an mille sept cent quatre-vingt cinque et le vingt et un septembre a été baptisé *Estienne* naie de la veille vers les neuf heures et demy du matin, fils légitime de Messire Maitre Jacques Delan, docteur en médecine et damoiselle Elisabète Dénozier. A été parrain M. Estienne Dénozier, receveur des centimes deniers son oncle du côté maternel, marraine dame Margrite Oudery veuve de feu Maître Jean Gilbert Delan vivant avocat en parlement, grand maire de l'enfant lesquelles parain et maraine ont signé avec nous ainsi que le père de l'enfant présent.

ANNEXE N° 79

Acte de baptême ou de naissance de *Marie Anne Delan*, 29 Juillet 1787.

L'an mil sept cent quatre vingt sept le trente Juillet a été baptisée *Anne Marie*, née de la veille, fille légitime de **Noble** Jacques Delan, docteur en médecine et de dame Elisabeth Dénozier; a été parrain Claude Antoine Houdry marchand drapier, grand oncle maternel de l'enfant et marraine dame Marie Anne Moreau, veuve de Monsieur Dénozier grand-mère de l'enfant, lesquels ont signé ainsi que le père présent.

ANNEXE N° 80

RÉPUBLIQUE FRANÇAISE

Mairie de la Ville de Moulins

Extrait du registre des Actes de l'Etat civil

Acte de décès d'*Elisabeth Dénozier, ma bisaïeule*, 25 fructidor an XI ou 12 septembre 1803.

Du vingt sept Fructidor an onze de la République Française (ou quatorze septembre 1803.) Acte de décès d'*Elisabeth Dénozier* épouse du citoyen *Jacques Delan*, docteur en médecine, âgée de trente-six ans, décédée de la veille à quatre heures du soir, native de cette ville de Moulins, y demeurant, rue des Augustins, sur la déclaration à moi faite par les citoyens Jean Baptiste Huet avoué, âgé de trente neuf ans, neveu par alliance de la défunte, et Jean Jacques Cartier apothicaire âgé de cinquante un an, ami de la défunte, tous deux habitans de cette ville, qui ont signé et auxquels il a été donné lecture du présent acte. Signé : Huet et Cartier.

Constaté suivant la loi par moi Georges Ripoud aîné, adjoint au Maire de Moulins, faisant fonctions d'officier public de l'Etat civil, soussigné. Signé : Ripoud aîné.

Pour copie conforme en Mairie à Moulins. L'officier de l'Etat civil, signé : J. Sorrel.

ANNEXE N° 81

RÉPUBLIQUE FRANÇAISE

Mairie de la Ville de Moulins

Extrait du registre des Actes de l'Etat civil

Acte de décès de *Marguerite Houdry, ma troisième trisaïeule,* 16 février 1806.

Du dix-sept février mil huit cent six, et le second du règne de Napoléon.

Acte de décès de *Marguerite Houdry*, veuve de *Jean Gilbert Delan*, avocat, née à Moulins, âgée d'environ soixante-dix-huit ans, fille de Claude Houdry et de Claire Beraud, décédée hier à huit heures du soir, rue des Augustins, en cette ville, sur la déclaration à moi faite par Claude Belot, marchand drapier, âgé de quarante-cinq ans et par Jean Baptiste Huet avoué, âgé de quarante deux ans, tous deux domiciliés à Moulins. Constaté suivant la loi par moi Georges Ripoud aîné adjoint au Maire faisant les fonctions d'officier public de l'état civil soussigné. De tout quoi j'ai rédigé le présent acte dont j'ai donné lecture aux parties comparantes qui ont signé avec moi. Suivent les signatures. Belot aîné, Huet et Ripoud aîné.

Pour copie conforme en Mairie à Moulins, l'officier de l'Etat civil, signé : J. Sorrel.

ANNEXE N° 82

RÉPUBLIQUE FRANÇAISE

Mairie de la Ville de Moulins

Extrait du registre des Actes de l'Etat civil

Acte de décès de *Jacques Delan*, mon *bisaïeul*, 12 avril 1806.

Du treize avril, mil huit cent six et le second du règne de Napoléon. Acte de décès de *Jacques Delan* médecin, né à Moulins, âgé de quarante huit ans, veuf d'*Elisabeth Dénozier*, fils de *Jean Gilbert Delan*, avocat au parlement et de *Marguerite Houdry*, décédé hier à quatre heures et demie du soir, en son domicile, rue des Augustins, en cette ville, sur la déclaration à moi faite par Etienne Dénozier propriétaire, âgé de cinquante deux ans, beau-frère du défunt, domicilié à Lucenay les Aix (Nièvre) et par Jean Baptiste Huet avocat âgé de quarante-deux ans cousin du défunt, domicilié à Moulins. Constaté suivant la loi par moi Georges Ripoud ainé, adjoint au maire, faisant les fonctions d'officier public de l'état civil, de tout quoi j'ai rédigé le présent acte, dont j'ai donné lecture aux parties comparantes qui ont signé avec moi. Suivent les signatures.

Pour copie conforme délivrée à la mairie de Moulins. L'officier de l'Etat civil ; signé J. Sorrel.

ANNEXE N° 83

RÉPUBLIQUE FRANÇAISE

Mairie de la Ville de Moulins

Extrait du registre des Actes de l'Etat civil

Acte de naissance de *Pierre Charles Delan, mon père*.

Du trente novembre de l'année mil huit cent vingt. Acte de naissance de *Pierre Charles Delan* né hier soir, heure de sept et demie, rue des Augustins, fils légitime de Monsieur *Etienne Delan*, docteur en médecine et dame *Magdelaine Delaplanche*. Le sexe de l'enfant à été reconnu masculin. Premier témoin, Pierre Michel banquier ; second témoin, Nicolas Julier juge, tous deux cousins de l'enfant, majeurs et domiciliés en cette ville. Sur la réquisition à moi faite par le père de l'enfant, constaté suivant la loi par moi Pierre Beraud délégué par Monsieur le Maire pour remplir les fonctions d'officier public de l'Etat civil. De tout quoi j'ai rédigé le présent acte, dont j'ai donné lecture aux parties comparantes qui ont signé avec moi: suivent les signatures.

Pour copie conforme délivrée à la mairie de Moulins L'officier de l'Etat civil, signé : J. Sorrel.

ANNEXE N° 84

RÉPUBLIQUE FRANÇAISE

Mairie de la Ville de Moulins

Extrait du registre des Actes de l'Etat civil

Acte de décès d'*Etienne Delan*, *mon grand'père*, 30 Octobre 1827.

Du trente un Octobre mil huit cent vingt-sept. Acte de décès de Monsieur *Etienne Delan*, docteur en médecine, âgé de quarante deux ans, fils des défunts, *Jacques Delan*, vivant médecin et d'*Elisabeth Dénozier*, époux de dame *Magdelaine Emilie Delaplanche*, décédé hier soir, heure de dix, rue des Augustins. Sur la déclaration à moi faite par Messieurs Pierre Michel banquier, cousin du défunt et Claude Théodore Faullain de Banville, chevalier des Ordres Royaux de Saint-Louis et de la Légion d'Honneur, cousin par alliance du défunt, tous deux majeurs et domiciliés en cette ville.

Constaté suivant la loi par moi Georges Nicolas Ripoud, officier public de l'Etat civil délégué. De tout quoi j'ai rédigé le présent acte dont j'ai donné lecture aux parties comparantes qui ont signé avec moi. Suivent les signatures.

Pour copie conforme délivrée à la Mairie de Moulins. L'officier de l'Etat civil ; signé J. Sorrel.

ANNEXE N° 85

Extrait des registres des actes de l'Etat civil de la commune d'Izeure déposés au greffe du tribunal civil de Moulins pour l'année 1851.

Acte de naissance d'*Alfred Gilbert Delan*, moi-même, 28 mai 1851.

L'an mil huit cent cinquante un, le vingt-huit mai à cinq heures du soir, par devant nous maire officier de l'Etat civil de la commune d'Izeure (Allier) ont comparu: *Pierre Charles Delan*, âgé de trente ans propriétaire domicilié à Sainte-Catherine de cette commune lequel nous a présenté un enfant du sexe masculin, né ce jourd'hui à minuit de lui déclarant en son domicile et de dame *Camille Diane Compin* âgée de vingt-deux ans, son épouse, auquel il a déclaré vouloir donner les prénoms de *Alfred Gilbert*. Les dites déclaration et présentation faites en présence de Claude Blain âgé de 75 ans, rentier, domicilié a Moulins et de Auguste Cortet, âgé de 33 ans, notaire, domicilié à Moulins, tous les deux amis de la famille ; et ont le père et les témoins, signé avec nous le présent acte après lecture. Suivent les signatures.

Pour extrait conforme, le commis greffier, signé Thomas.

ANNEXE N° 86

RÉPUBLIQUE FRANÇAISE

Mairie de la Ville de Moulins.

Extrait du registre des Actes de l'Etat civil

Acte de décès de *Pierre Charles Delan, mon père,* 24 mai 1887.

L'an mil huit cent quatre vingt sept le vingt-quatre mai à neuf heures du matin, par devant nous François Louis Boiron, adjoint officier de l'Etat civil de la ville de Moulins par délégation, ont comparu Messieurs Charles Gabriel Bouchot-Plainchant propriétaire, âgé de quarante-six ans et Gustave Hippolyte Compin, propriétaire âgé de cinquante sept ans, tous deux parents du défunt, demeurant à Moulins; lesquels nous ont déclaré que ce jour à minuit et demi, en son domicile situé en cette ville, rue Michel de l'Hospital (anciennement rue des Augustins) est décédé *Pierre Charles Delan,* propriétaire, âgé de soixante sept ans, né à Moulins, époux de *Marie Françoise Camille Compin* et fils des défunts *Etienne Delan* et *Magdelaine Delaplanche*. Après nous être assuré de ce decès nous en avons dressé acte que nous avons signé avec les déclarants après lecture. Suivent les signatures.

Pour copie conforme délivrée à la Mairie de Moulins. L'officier de l'Etat civil, signé : J. Sorrel.

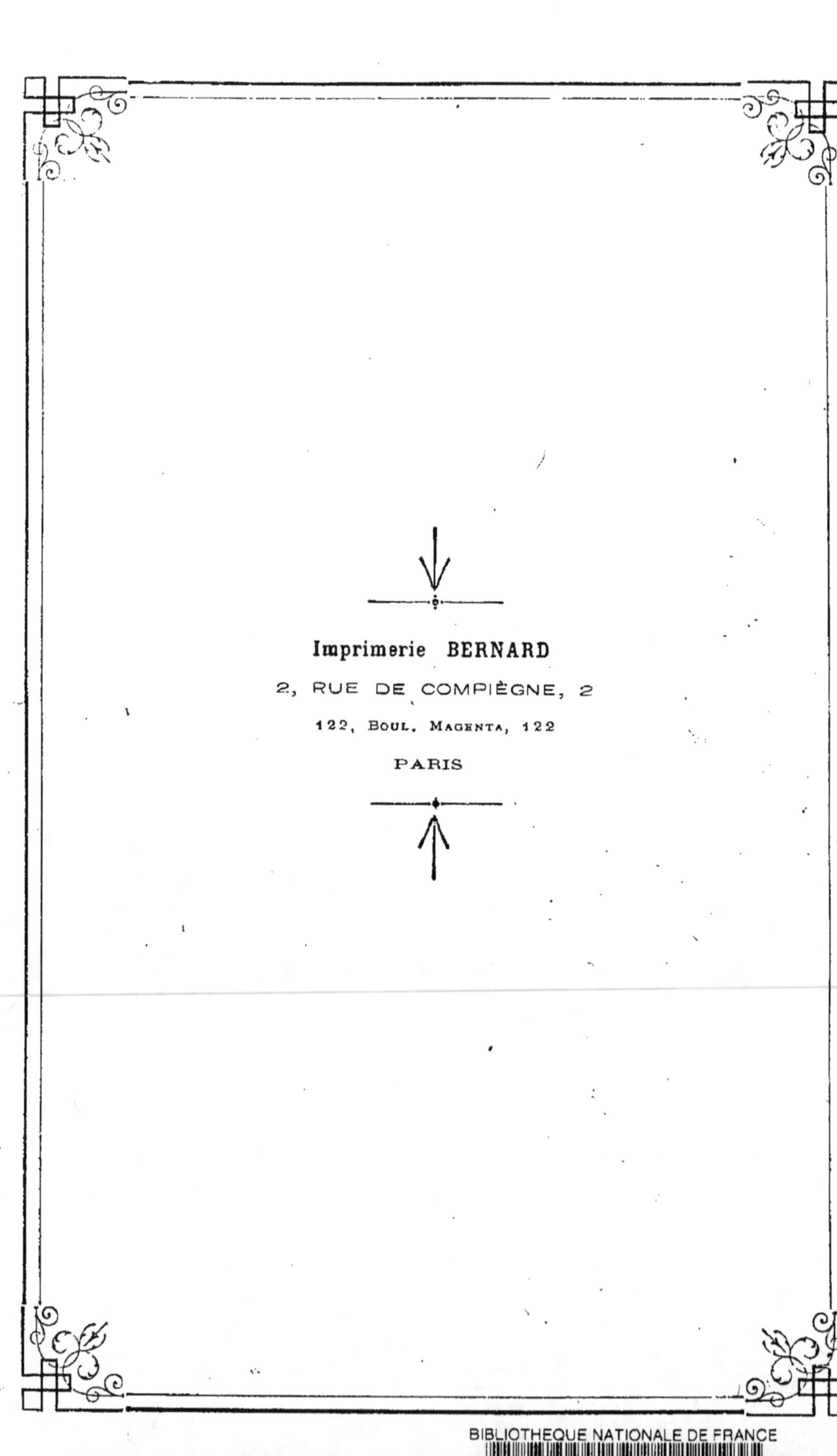
Imprimerie BERNARD
2, RUE DE COMPIÈGNE, 2
122, BOUL. MAGENTA, 122
PARIS